AF199974

© 2020 Blade, A.
Herstellung und Verlag: BoD – Books on Demand, Norderstedt
ISBN: **9783751920551**
Cover: **iStock.com/ KatarzynaBialasiewicz**

Alle Rechte vorbehalten. Abdruck und Verwendung nur mit
schriftlicher Genehmigung des Autor.

Mein erotisches Tagebuch

zum Selber ausfüllen
(mit Linienspiegel am Buchende)

Hier ist Platz für deine Eroberungen, deine erotischen Phantasien und vieles mehr.
Am Ende des Buches findest du einen Linienspiegel, den du nutzen kannst.

Deine Eroberungen und Flirterfolge haben Platz verdient! Welche Herzen konntest du im Sturm erobern? Wen konntest du ins Bett locken? Mit wem hattest du Spaß? Wen willst du wiedersehen für ein weiteres Treffen und weitere, erotische Abenteuer?

An diesem Beispiel kannst du dich orientieren, passe es an dich an – mach die Liste persönlicher, ganz zu dir passend!

- ❖ Name - (muß nicht der echte sein, auch Kosename oder Spitzename gilt)
- ❖ Größe / Gewicht
- ❖ Statur
- ❖ Haarfarbe / Augenfarbe
- ❖ Alter
- ❖ Kontaktmöglichkeit (E-Mail, Telefonnummer, Lieblingsplatz, ….)
- ❖ Was hat dir an dieser Person gefallen?
- ❖ Was hat dich an dieser Person abgestoßen?
- ❖ Welche erotischen Phantasien habt ihr ausgelebt?
- ❖ Welche erotischen Phantasien möchtest du mit dieser Person ausleben?
- ❖ Was denkst du dir über diese Person?
- ❖ Deine Gedanken …

Viel Spaß mit der Lust und genieße die Erotik!

Dein A. Blade!